Henning Sabo

InneHalt

Erlesenes 1982–1983

INHALT

Innehalten … 6
Wissen willst du, wo es endet? 8
Fangt endlich an! 10
In welcher Richtung liegt das Morgen? 24
In diesen Zweifeln aus Licht 36
Fern schon fliegst du, Vogel 48
Ich überschreite den Horizont 60
Das Wäldchen inmitten der Städte 72
In diesem Nu zwischen Dasein und Sein 88
Zu Ende denken 98
Den Horizont in Händen 112
Wie weit ist der Weg denn noch? 122
Es beginnt immer in dir 136
Enthalten … 138

INNEHALTEN …

… in der Bewegung, im Vorwärtsdrängen, im Erklimmen, im Weiterkommen – wann ist es uns das letzte Mal geschehen? Es ist ja in diesem Aus-der-Welt-sein, In-sich-selbst-sein, aber auch Außer-sich-sein, dass die Poesie ihre Chance erhält. Sie ist zwar immer da, aber in diesen Momenten wird sie offenbar, und es ist auf einmal »Zeit«, Zeit, um Gedichte zu lesen, Zeit, sie zu schreiben.

Beruht es auf der natürlichen Verklärung alles Vergangenen, dass mir die hier versammelten Gedichte als Zeit-Zeugen eines Innehaltens in meiner eigenen Geschichte erscheinen? Mein Dasein wie mein Dichter-Sein hatten sich ausprobiert, hatten sich bestätigt, aber noch keine Selbstverständlichkeit gefunden. Waren meine »Niederschriften« zuvor aus der Unbefangenheit meines Beobachtens und Reagierens heraus geboren, so suchte ich jetzt ganz bewusst Situationen und Anlässe auf, daraus ein Gedicht entstehen zu lassen; ich forderte den Impuls des Schreibens heraus. Auch versuchte ich, alles in Poesie und jedes mit ihr zu fassen. Und ich entdeckte die Menschen, deren Widersprüche, Unzulänglichkeiten und Möglichkeiten ich in meinen Aphorismen einfing, nun auch als Mit-Menschen wieder: ich begann, Gedichte für und an sie zu schreiben. Sehr unterschiedliche poetische Kleinst-Formen sind so entstanden, absurd erscheinende und doch seltsam nahe liegende Miniaturen, Gedichte, deren Sinn ich nicht zu erklären vermag und die ich doch genau so empfinde.

Vieles ist hier im Keim angelegt, manches habe ich später verworfen; alles aber ist Teil, Teil meiner Geschichte.

Henning Sabo

WISSEN WILLST DU,
WO ES ENDET?

Wissen willst du
Wo es endet?

Willst sicher sein
Dass es zu früh nicht
Nicht in Irrtum mündet?

Wissen also
Willst du
Wo es endet?

Von dort jedoch
Führt niemals dich
Beginnen her

Da hin, gewiss
Folgt dir der erste
Schritt nicht mehr

FANGT ENDLICH AN!

Ihr wollt Sprache?
Warum schweigt ihr nicht?
Ihr wollt Erklärung?
Warum schaut ihr nicht?
Ihr wollt Leben?
Warum seid ihr nicht?

Ihr wollt …
Noch immer?
Noch mehr?

Begreift
Dass ist!

Niemand braucht
Eure Hilfe

Niemand mehr

...

Als ihr selbst

Wo du dich
Auf andere

Verlässt

Da –
Bist du es!

MORAL

Dass ihr zum Bessren habt
Nicht Kraft, noch Mut
Das ist der Grund
Warum ihr Gutes tut

MORALISTEN

Die eine Idee
Brauchen

Um
Zu lieben

RESULTAT

Wir rechneten stets
Mit dem Schlimmsten

Endlich
Bekamen wir
Recht

MODERN

Wir sind

Wir sind modern

Wir   modern

Überheblich werden jene genannt
Die ganz selbstverständlich tun und sagen
Was auch andere gefühlt, erkannt
Die nur wollen, doch nicht wagen

Ein Parasit
Gibt sich auf

Ein Partner
Gibt sich hin

Sprecht den Raupen
Nicht vom Fliegen!

Sie träumen sonst
Ein Schmetterling
Zu sein

Und sie
Versäumen ganz
Einer zu werden

Hört endlich auf
Die Verhältnisse
Ändern zu wollen!

Fangt endlich an
Sie nicht einzugeh'n!

»Das ist das Ende«
Sagte der Anfang
Und begann

Sich zu suchen

»Das ist das Ende«
Sagte der Anfang

Das ist das Ende

IN WELCHER RICHTUNG LIEGT DAS MORGEN?

Es geschieht alles
Zur rechten Zeit
Am rechten Ort

Nur wir sind
Meistens nicht bereit
Uns einzufinden: dort

Ich will nach Süden
Du nach Norden

Wieso dann streiten wir
In welcher Richtung liegt
Das Morgen?

Zu gleicher Zeit gingen wir den gleichen Weg, gemeinsam. Wir wurden Freunde.

Doch eines Tages bliebst du stehen, während ich noch weiter ging. Als ich mein Ziel erreichte, drehte ich mich nach dir um. Ich sah dich noch und wir konnten uns noch verstehen.

Ich fragte dich: »Warum bist Du auf halber Strecke stehen geblieben?«

Statt zu antworten, fragtest du mich, warum ich denn so weit über das Ziel hinausgegangen sei.

Lasse dich
Gehen

Doch wisse
Wohin

Aus den Augen
Verliere das Ziel

Nicht
Aus dem Herzen

Erst wer sich
In den Rahmen gibt
Vermag ihn auch
Zu sprengen

Aus Fehlern
Werden Lehren

Einzig der Mut
Zu den kleinen
Den einfachen Dingen
Lässt Komplexes entstehen
Lässt auch Großes gelingen

Wie jetzt
Könntest du
Dich gehen lassen

Hättest einst du nicht
So diszipliniert
So konzentriert
Zu Laufen gelernt?

Über den Berg dort
Ferne
Dachte ich hinüber
Mich

Über das Kieselchen
Glitt, fallend:
Ich

Da fährt ein Zug!

Dein letzter!

Du rennst
Du schreist
Du fluchst

Dann
Bleibst du stehen
Lachst – und gehst

Abseits
Der Schienen

IN DIESEN ZWEIFELN
AUS LICHT

Es treibt mich fort von allen Pforten
Schon wieder will ich nur noch flieh'n
Ich ströme aus zu fernen Orten
Und will doch einzig in mich zieh'n

Ich kann mich nicht entsinnen
Dass je ein Wort mich einem Menschen
nah gebracht
Begriffe sind es, die uns trennen
Sprache ist es, die uns Feinde schafft

Wo wir einander noch nicht kennen
Da öffnet Reden uns die Kluft, die tiefer klafft
Toter Kreis – und kein Entrinnen
Letzter Ausweg – der uns Mauern macht

Aus lasst eure Worte bleiben
Hüllt den Intellekt in Schweigen
Hindert Herz und Hände nicht
Sprecht mit Gesten und Gesicht

Ich ruhe jetzt, von mir zu reden
Es sehnt mich, euch mein Selbst zu geben
Nun soll mein Sein euch endlich zeigen
Was meine Worte stets verschweigen

Versuchen wir, uns zu verstehen
Indem wir fassen, fühlen, sehen

Aufgehoben ganz
In allen Menschen
Schreibe ich doch
Dieses einsame Wort
Folge ich doch
Dieser spärlichen Spur
Bleibe ich doch
Alleine
Im Schweigen

Und es bricht sich
Mein Atem
An jeglichem Schrei

Mein Herz: dieser See
Meine Haut: dieser Damm

Diese Ströme in mir!
Dieses Strömen in mir!

Aufgehalten noch immer:
Unaufhaltsam mehr

Komm, Tinten-Rinnsal:
Werde ein Meer!

Werde ein Meer!

PERSONALAUFNAHME

Mein Name spielt meine Rolle nicht
Berufen bin ich, doch nicht, zu schrei'n
Studierend, ob es möglich: das Sein
Bin ich immer geboren noch nicht

Ich komme her, wo ich gewesen bin
Hier nun wieder, ein Versuch, ich werde
Ich wohne bei: dem Sterben der Erde
Und such' in all dem, immer noch, Sinn

REVOLUTION

Streitend wir
Auf verschiedenen Wegen
Scheinbar so fern
Doch der Einsamkeit nah

Du kennst es, mein bleiches Gesicht
Ich weiß deine kranke Natur
Wir, unter des Schicksals Gewicht
Folgen leidend der Wirklichkeit Spur

Umsturz, du weißt es, verändert nicht
Er variiert es nur
Die Kunst, ich weiß, sie hindert nicht
Sie mildert nur

Und doch, was wir ersuchen, es ist da
Es macht aus Ich und Du ein Wir
Es zwingt uns, uns zu lieben
In dieser Fremde: jetzt und hier

Krank erst
Haben wir zu uns gefunden
Menschen waren uns nur Wunden
Tiefer uns geschlagen
In ein weit gesehntes Herz

Fester hat
Dass wir uns stets entwunden
Uns aneinander nun gebunden
Doch ist ein jegliches Berühren
Wie ein Schmerz

Komm, deine leg'
Auf meine Wunden
Das Ich, es sei im Du entschwunden
Und frei nun ströme, was wir bargen
Von des einen in des andren Herz

Komm, deine leg'
Auf meine Wunden
Dass wir zu einem Wir gesunden
Und tiefer wurzeln, weiter wachsen
Und Feste sind, ein einzig Herz

Komm, deine leg'
Auf meine Wunden

Dein Gesicht:
Ein Schatten, ein Licht
Ein Schimmer, nichts
Als eine Spur

Flüchtig
Erleuchtest du mich
Flüchtig
Berühre ich dich
Will ich dich, will ich dich

Festhalten nur

HAUCH

In diesen Nächten aus Glas
In diesen Tagen aus Duft
Da warst du mir erschienen
Unnahbar du erträumt:
Ein Tautropf'
In der Luft gefrierend
Kurz vor dem Sprung

In diesen Zweifeln aus Licht
In dieser Euphorie der Zerstörung
Welche Wege sind uns verschlossen?
Welcher Strom ist längst schon versiegt?

Ein Herz
Eine Weide
Ein Lachen
Da ist nichts, das nicht lebt

In diesem Dasein aus Trost
In diesem Glück von Vergessen:
Was dürste ich noch?

AUFERSTEHEN

So alte Tränen, die wir weinen
So alte Wahrheit, die wir seh'n
So alte Freuden, die uns einen
So altes Glück, das wir erfleh'n

So alte Samen, die noch immer keimen
So alte Mauern, die noch immer steh'n
So alte Gräber unter alten Steinen
So alt ein jedes Morgen im Vergeh'n

Wird die Erde, der Himmel
Wird das Meer, wird der Wind
Wird noch einmal
Wird endlich

Vereinen?

FERN SCHON
FLIEGST DU, VOGEL*

*Gedichte an/für Freunde, Geliebte, Bekannte

Jetzt
Da ich lerne:
Nichts hält
Nichts bleibt

Ein Mensch –
Wie gerne!
Der Weg –
Wie weit!

FREUNDE

Sterne
Leuchtend im Dunkel
Fluchtpunkte
Am Himmel, dem großen

Da hin
Geht die Sehnsucht
Von dieser Erde

Sterne
Leuchtend im Dunkel
Fluchtpunkte
Am Himmel, dem großen

Aber ein jeder
Auf sich nur
Fixiert

NACHT, FREUND

Wie wir
Dort standen

Die Nacht

Und kannten
Uns nicht

Schiff, gelegt in jeden Wind:
Alle Meere fahren, alle Länder wissen!
Maste fielen, Ruder brachen, Segel rissen:
Ruhelos trieb es dem Grund …

Du bist so hektisch, so
Sprunghaft, mein Freund.
Du solltest Dir etwas Ruhe gönnen.

O ja! Moment! Sofort! Jetzt gleich!

Mitten einer Straße hocken
Der Katze Rücken streicheln
Träumend bläst du
Die Haare aus den Händen
Wie Worte, derer zu viele sind

Im Schatten eines Augenblicks
Wandert schweigend der Abend
Und du fühlst den Wind
Der deinen Rücken nimmt

Wald wuchert den Straßen
Fern schon fliegst du, Vogel
Und in den Augen die Sonne:
Brennt

Die zarten Blüten
Öffnen sich und
Sprechen leise
Ihren Fluch
In den Schatten
Toter Bäume

Und im Beton
Ein erster Riss

Die Wirklichkeit der Fotografie
Bildet Tiefe nicht:
Dunkel verhüllt
Zeigt sich die Welt

Die Präzision des Uhrwerks
Findet Dasein nicht:
Wankelmütig schlägt
Das ewige Herz

Die Logik des Wissens
Bindet Wahrheit nicht:
Ohne Maß
Wirkt das letzte Gesetz

Ziele
Erreichen sich nicht:
Kreisend gebiert sich
Das Sein

Sie sagte:
Wenn ich mich nicht beherrsche
Dann werden andere es tun

Sie beherrschte sich
Und war:
Eine andere

Drei »Vielleicht« am Ende Deines Briefes
Zeugen nicht Entschlossenheit
Taumelnd schon am Anfang Deines Weges
Und das Ziel unendlich weit

Du fühlst das Zittern Deines Steges
Spürst es, wie Dich Sehnsucht zweigt
Du wünschst ein Vorbild Dir, ein tiefes
Das weise Dir den Ausweg zeigt:
Einen, der aus dem Arm des Alles
Dich in das wahre Eins befreit
Oder die Liebe eines Weibes
Das Dir Lust und Leben weiht

Doch keiner bläst die Bö des Windes
Der Dich aus Deiner Flaute treibt
Allein in dieser Einsamkeit des Kindes
Die Dir, verwirrt, benommen, bleibt
Ist Dein Sein ein gänzlich stummes
Das beharrlich die Berufung schweigt
Ist Antwort nicht der Frage eines Sinnes
Die sich vom Horizonte drohend neigt

Doch wisse, dass Dein Dir Bestimmtes
Dir längst ist sicheres Geleit
Was Du zu tun hast, ist Geringes:
Hab Vertrauen, sei bereit!

Auf Wunder müssen wir nicht warten
Wunder sind da, sind jetzt und hier
Sie erklären sich in Millionen Arten
Sie geschehen zwischen Dir und mir

ICH ÜBERSCHREITE DEN HORIZONT

Lasst mich nicht
In der Ruhe
In der ich
Nicht bin

Probleme?
Nein:
Habe ich nicht!

Doch!
Eines:
Mich

Ich wider-
Spreche mir

Dadurch er-
Gänze ich mich

Dichten:
Scheitern
Ins Leben

An diesem Stimmband
Des Unsäglichen
Zerreißt es mich

Worte
Sind nichts
Vermögen doch
Alles zu sagen

Menschen
Sind nichts
Vermögen doch
Alles zu sein

Ich spreche nicht
Ich schweige nicht

Nichts schweigt da
Alles spricht

Hört ihr?
Hört ihr mich?

Ich habe nichts
Das zu erschaffen

Mein Tun
Das ist:

Es sein
Zu lassen

Nein –
Ich will
Die Welt nicht
Verändern:

Ich verändere sie

In der Düsternis
Dieses Morgens
Ein Flügelschlag

Bin ich bereit

Der Mond reift

Ich überschreite
Den Horizont

DAS WÄLDCHEN INMITTEN DER STÄDTE

Hüpfen dort nicht
Junge Spatzen
Durch das erste Grün?

Oder sind's des
Herbstes letzte Blätter
Die verweh'n?

GEWESEN

Waldweg:
Wesen, menschlich
Überholen mich
Ihr Gehwind
Wirft mich
Um

Zuhause
Werden sie sagen:
Die Natur
Sei schön

Gewesen

SPÄT

Mit einem Mal
Hör' ich
Der Vögel Singen

Mir ist
Als wär's
Das erste Mal

Vorhin, da saß ich im Park so ruhig
Und wollte gar nicht geh'n
Doch ich wähnte und habe mir vorgestellt
Im Walde, da sei es noch einmal so schön

Nun streif' ich zwischen den alten Bäumen
Finde die vorige Stille nicht mehr
Ach, und komme schon wieder ins Träumen
Wie schön es jetzt woanders wär'

Bewandert von Spinnen
Von Käfern und Fliegen
Lieg' auf ich der Erde
Begreife das All

Das Wäldchen inmitten
Der Städte ganz ruhig

Wie vor dem Erwachen

Spürst du die Stille
Sanft den Arm umstreicheln?
Jedes Härchen ist erregt

In die Ruhe
Meiner Hand
Setzt
Eine Fliege sich

Aus der Ruhe
Meiner Hand
Hebt
Eine Fliege sich

Unter dem Eichbaum
Leicht schaukelt die Sonne die Blätter
Umschwirrt mich der Fliegen
Trunkenes Spiel

Erwacht aus dem Traum
Der Boden noch feucht vom Gewitter
Ich denke an nichts und reiche
So viel

Die Zeit die Farbe wechselt
Natur entwirft ein neues Kleid
Vom Horizont fällt eine Feder
Entfächert mir: Unendlichkeit

WINDNACHT

Gehoben
Ins Flattern der Bäume
Heb' ich mich auf
In die Flügel der Nacht

HEIMWEG

Der Mond
Wacht

Sicher
Mein Schritt

Ohne Ziel:
Der Weg –

Wie unbeschwert!

Ein Vogel
Im Gras?

Ein Blatt
Hebt sich

Auf

IN DIESEM NU ZWISCHEN DASEIN UND SEIN

Diesem Morgen
Bin ich wirklich
Erwacht

Aus andren Zeiten muss ich sein
Und bin an andre Welten hingegeben
Denn was ihr achtet, ist mir Schein
Und was euch nichtig, ist mein Leben

Aus Irrtümern habe ich mir
Mein Königreich gebildet

So an Erfahrung reich
Bin ich ein Bettler
Vor den Toren

ÜBER BLICK

Auf des Berges Gipfel angelangt
Sah ich die Ebene
Von der ich aufgestiegen

Über mir

WANDLUNG

Versenkte selbst mich
In den großen Strom
Ließ mich fallen
Wie ein Stein

Rührte mich am Grunde schon
Wurde Tropfe, war der Strom
Ließ in einer sanften Welle
Wieder mich dem Leben ein …

Strandete
Stand an derselben Stelle
Und konnte doch:
Ein andres sein

Nichts
Hab' ich
Zu erreichen

Unendlich viel
Das ich
Jetzt

Bin

Sehnsucht, die wispert
Dass morgen schon wieder
Wird scheinen die Sonne

Schwermut, die flüstert
Dass gestern doch schien
Noch immer die Sonne

Ich, der ich schweige
Ihr heutiges Licht

In diesem Nu
Zwischen Dasein und Sein

Wie tief
Wird mein Lächeln

Welch Wunder dies:
Ich erwache
Ich lebe

ZU ENDE DENKEN

Einst bemerkte ich
Einen Mann neben mir
Den verpassten Augenblicken lief er
Ganz verbissen, hinterher

Ich hatte noch einen übrig
Den hätt' ich ihm gerne gegeben
Doch er sah mich nicht –
So ist das im Leben!

ABSURDES GESPRÄCH

»Pst! War da nicht ein Geräusch?«
Fragte der Ton

»Ich hör' keinen Ton.«
Sagte das Geräusch

DIE UHR (BEOBACHTUNG ZUR UNZEIT)

»Wenn dieser schmale Dürre da
Nicht ständig so herumhetzen würde«,
Sagte der Lange, »dann könnte ich
Viel länger bei Dir bleiben.«

»Jaja«, seufzte die kurze Dicke,
»Dann bis zur nächsten Runde.«

Und nur widerwillig ließ sie ihn gehen.

SANDUHR, DIE ERSTE

»Es ist hoffnungslos! Immer finde ich einen kleinen, winzig kleinen Spalt, durch den ich mich nur mit äußerster Mühe und ganz endlos langsam hindurchzwängen kann; und wenn ich es dann schließlich doch geschafft habe, so sitze ich nur wieder im gleichen Gefängnis.«

SANDUHR, DIE ZWEITE

»Ach, immer dasselbe!« stöhnte der Sand, als das Glas schon wieder gedreht wurde. »Für mich«, sprach da ein einzelnes Sandkorn, »für mich ist es jedes Mal anders.«

SANDUHR, DIE DRITTE

»Eine Ewigkeit ist es her«, resignierte der Sand, dessen Glas, hinter dicken Mauern eingesichert, keine Hand mehr gespürt, keine Sonne mehr gespiegelt hatte, »eine Ewigkeit ist es her, dass das letzte Mal fünf Minuten vergangen sind.«

SANDUHR, DIE VIERTE

»Ah! Wieder hab' ich mich hingegeben!« rief der Sand im letzten Laufen aus. »Pah!« geringschätzte die Liebe, die sich, eine feine, klare Haut, auf dem Glas gefangen hatte, »Zeit«, sagte sie, »Zeit misst sich anders.«

Und als eine Hand das Glas erneut wendete und der Sand sich voll Stolz gegen diesen Spott wieder völlig gehen ließ, da war von der Liebe kein Hauch mehr geblieben.

EIN WECKER, MECHANISCH:

Was erwartet ihr?
Ständig zieht ihr mich auf.

Dafür muss ich mich rächen.

EIN WECKER, VERGEISTIGT:

Wäre ich wirklich,
Ich währte nur eine Nacht;

Würde ich wahr,
Ich wirkte ein einziges Mal.

EIN GEDANKE:

Wir lieben euch Menschen.
Ihr bleibt uns treu und wir euch auch.
Ihr erschafft uns,
Aber ihr schöpft uns nicht aus.
Ihr holt uns ins Leben,
Aber ihr löscht uns nicht aus.

Und auch du,
Der du mich denkst,
Wirst mich
Nicht

Zu Ende denken.

EINE HOFFNUNG:

Es tut mir leid.
Ich weiß, alle haben dich verlassen,
Alles hat dich aufgegeben;
Und dir ist nichts geblieben –
Außer mir.

Aber ich
Bin:
Die falsche.

Und Gottes Tochter sprach: »Sieh doch, dort …«, und ihre Pfote wies in Richtung jener Kugel, auf der das Leben erblüht war in einmaliger Vielfalt und unnachahmlicher Schönheit, »Sieh nur, alles stirbt.«

Und Gott sah hin zu jener Kugel, die er gut kannte – denn es war ihm seit langem die liebste. In jenen Jahrhunderten, da er an sich und der Welt gezweifelt hatte, an der Vergänglichkeit auch seines Lebens verzweifelt war, als das Dasein ihm einzig sinnlos erschienen und er in tiefe Traurigkeit gefallen war – wie sehr war sie ihm Trost gewesen, diese so kleine und unscheinbare Kugel da.

Wie oft hatte er dagelegen, nur sie betrachtend, ihren wundervoll schimmernden Glanz, das abwechslungsreiche Spiel ihrer Farben, ihre unvergleichlich kostbare Schönheit. Wie oft hatte er jene Üppigkeit bestaunt, die darauf gewachsen war, die Verschiedenheit, die sich da im unüberschaubar dichten Nebeneinander zeigte und regte. Wie oft bewundert den steten Wechsel ihrer Erscheinung, das unendliche Auf und Ab des Vergehens und Werdens. Und wie oft hatte sie ihm seine Einsamkeit vergessen gemacht, wie oft hatte er um ihretwillen Freudentränen geweint. Ja, da war die Kugel ihm Sinnbild gewesen, und Hoffnung und Morgen.

Und jetzt, jetzt sah er sie, von dichten Wolken umschlossen, und wo sie sich lichteten, da war alles erstarrt, verblüht, erloschen.

Und Gott seufzte schwer, strich seinem Kinde das Fell und sprach: »Es vergehen die Leben. Der Herbst stirbt und der Winter übernimmt jetzt die Zeit. Wird sein ein langer und harter Winter. Vieles, sehr vieles, fast alles wird nicht überleben, für immer verloren sein, verschwunden und nie mehr zu finden, niemals mehr auferstehen. Aber das Leben stirbt nicht, es kann nicht vergehen. Das Leben schläft nur; es wird wieder erwachen, in neuen Formen und in neuen Bewegungen. Auch der Winter ist verurteilt, seine Zeit zu beenden, und nach ihm kommt Frühling – das bleibt. Sei nicht traurig«, sagte Gott und ließ seine Tränen, »sei nicht traurig. Das Leben ist immer noch da. Es versteckt sich nur manchmal, wird unsichtbar. Aber es wird wieder blühen, schon im nächsten Millionenjahr.«

Und Gott ließ seine Tränen.

DEN HORIZONT
IN HÄNDEN

Ohne Sonne der Morgen:
Die Blätter, sie leuchten
So grün

Wintermorgen:
Weckte mich
Der Vögel Ruf?

Wieder fällt Schnee:
Keine Spur von
Der einsamen Hütte

Im Winterhauch
Ein Meer von Vogelstimmen:
Nicht Schnee, nicht Eis

Wohin
Die Zeit?

Beim ersten Schnee
Der Stämme Grün:
So Leuchten!

Vom Mond beschienen
Tau auf kahlem Winterast

Welch lichtes Blühen!

Dieser Wind treibt mich
Wie ein Blatt vom Baum
Flügel entfaltend:
Ich, Schmetterlingstraum

Auf eines kahlen Laubbaums Ast
Hat wohl ein Sturm
Den Zweig von einer Kiefer abgelegt

Der langsam bräunt und nadelt
Und mich, in einem Augenblick,
begreifen lässt
Dass unvergänglich, dass vergänglich ist

Abend:
Den Horizont
In Händen
Hebt mich auf
Der Sonne
Rotes Licht

WIE WEIT IST DER WEG
DENN NOCH?

»Nein!«
Ruft der Traum:
»Ich will nicht sterben!«

»Du musst!«
Der Träumer sagt:
»Denn ich will werden!«

Die Sonne
Hab' ich mir größer
Vorgestellt

Sagte der Gummibaum
Als er die Deckenleuchte
Erreichte

Reif sein
Sprach die Frucht
Das heißt:

Bereit
Zu fallen

Der Narr
Ist zurück-
Geblieben

Der Weise
Bleibt
Zurück

Weisheit überflüssigt
Nicht eine der Fragen

Doch sie entfestigt
Jedwede Antwort

Wir überlegen so viel
Wir werden der Erde zu schwer
Der uns trägt, der Boden, er bricht

Und während wir sinken
Tiefer und tiefer
Überlegen wir, warum das so ist

Dort wo Verstand
Unendlich kreisend
Ende nimmt

Nimmt eine Hand
Das Sein begreifend
Dich zum Kind

Verzettelte
In Wissenschaft
Wollt ihr

Das Buch
Der Wahrheit
Schreiben?

Den Lauf des Flusses
Mögt ihr ändern

Hindern
Werdet ihr ihn nicht

Dass alles
Stets
Sich wandelt

Das bleibt

Wer kennt ein Sandkorn nur
Der weiß um alles Sein
Nur einmal ist Natur
Doch Vielfalt ist ihr Schein

Wer weiß ein Sandkorn nur
Der kennt nicht einen Strand
Des Daseins stete Spur
Prägt nie denselben Sand

Wie weit
Ist der Weg
Denn noch?

So weit
Wie der Schatten
Den du auf ihn wirfst

Loslassen?
Was soll ich denn loslassen?
Ich halte nichts mehr!

Das ist es:
Lass auch dies!

ES BEGINNT
IMMER IN DIR

Wissen willst du
Wo es endet?

Willst sicher sein
Dass es zu früh nicht
Nicht in Irrtum mündet?

Wissen also
Willst du
Wo es endet?

Es beginnt
Immer
In dir

ENTHALTEN …

… in diesem Buch, in diesem »Band« von Gedichten sind solche der Jahre 1982 und 1983. Eine Auswahl aus etwa doppelt so vielen Arbeiten, die in diesem Zeitraum entstanden sind. Ob diese Auswahl heute, nach gut 17 Jahren, eine andere ist, als sie damals gewesen wäre? Für mich, der ich diese Gedichte geschrieben habe, hat sich der Blick auf sie, das Verhältnis zu ihnen natürlich verändert. Aber bedeutet der Abstand an Zeit auch einen Abstand zu den Gedichten selbst? Seltsamerweise kann ich dies nicht bestätigen. Fast alles ist mir noch innigst vertraut, immer noch ganz aktuell und präsent, ich erkenne ein jedes als »meines« und nur selten erscheint mir eines nur noch Geschichte und längst überholt; kein einziges ist mir wirklich fremd. Gewiss, einiges aus diesem Fundus kann ich heute belächeln und bin geneigt, es unter »Versuche und Irrtümer« abzuheften. Doch hat mein Sichten auch manch unerwarteten Fund, den einen oder anderen längst vergessenen Schatz wieder zutage befördert. Und in der erneuten Aus-ein-ander-setzung (der Prozess des Schreibens ist ja nie wirklich vollendet, jedes Gedicht ist immer wieder auf seine Gültigkeit und Stimmigkeit hin zu überprüfen) hat manches mir unfertig, unvollkommen erscheinende noch eine Änderung und Weiterentwicklung erfahren.

Neben solchen Wieder- und Neuentdeckungen sind aber hier nicht wenige Gedichte vertreten, die inzwischen gewissermaßen zu den Klassikern der »Geschichte meines Schreibens« zählen. Und so hat sich die Aus-Lese für dieses Buch fast ganz von selbst ergeben. Da es zudem aber auch Zeitdokument sein und das ganze Spektrum meiner damaligen Arbeiten repräsentieren will, sind vereinzelt auch Werke mit aufgenommen, die ich so heute wohl nicht mehr schreiben würde. Zu naiv (S. 39) erscheinen sie mir manchmal, zu spruchhaft (S. 13), zu sentimental (S. 44). Vieles wirkt beim ersten Lesen aber auch unbedeutender als es ist, und was wie ein simpler »Sponti-Spruch« (S. 61, 62, 63) daherkommt, offenbart seine spirituelle Dimension oft erst auf den zweiten Blick.

Um aus den infrage kommenden Gedichten ein Buch werden zu lassen, mussten sie in eine Abfolge, in Beziehung(en) zueinander, in Abgrenzung voneinander gebracht werden; ein Prozess bewusster wie intuitiver Entscheidungen. Verlegerin und »Lese-Freunde« haben alle möglichen »Fassungen« ausgiebig durchgesehen und überprüft, kommentiert und kritisiert. Ihnen allen möchte ich hier noch einmal herzlich danken, für ihre Gründlichkeit wie für ihre Geduld. Und ich hoffe, sie sehen mir nach, dass ich nicht alles umgesetzt habe; in manchem beharre ich eben auf meiner »Art«.

Was die einzelnen Gedichte letztlich wirklich enthalten, darüber ließe sich sowieso vortrefflich und ohne Ende diskutieren. Und manchmal weiß ich selbst es nicht genau zu sagen. Ein Gedicht wie »Hauch« (S. 46) oder »Auferstehen« (S. 47) scheint mir gültig und stimmig bei jeglichem Lesen, kein Wort wäre auszutauschen oder zu entfernen. Und doch kann ich nicht ganz erfassen, worum es hier geht und was es ist. Das Gedicht bewahrt sein Geheimnis, auch gegen mich. Und ich, der Dichter, muss seine Unabhängigkeit hier akzeptieren und es einfach so stehen lassen – so, wie es ist.

Was aber meint überhaupt dieses »enthalten«? Ist ein Gedicht denn ein Gefäß, in das etwas hinein zu legen wäre, eine Botschaft, ein Sinn, eine *Aus*sage?

Gäbe es das Gedicht denn ohne seinen Inhalt, ohne seine Form? Ist es nicht gänzlich absurd, vom Inhalt oder von der Form eines Gedichtes zu sprechen? So, als wären Gedicht, Inhalt und Form voneinander unabhängige, eigenständige, separate Wesen. Wie aber sollten das IST, das WAS und das WIE getrennt voneinander existieren? Ein Gedicht hat keine Form, es *ist* seine Form. Auch kann es weder ein »Etwas« noch ein »Nichts« enthalten – obgleich es alles enthält, was es ist. Es ist ja eben gerade diese *Einheit* von Form und Gehalt, von Botschaft und Rhythmus, die als *ein Ganzes* das bildet, was wir Gedicht nennen.

Dennoch, auch dieses »Gesamt-Gedicht« existiert nicht aus, nicht für sich selbst. Im Augenblick des Schreibens ist es Teil des Dichters, fassbar gewordener Teil seines Empfindens, Erlebens und Wissens. Geschrieben und veröffentlicht, gewissermaßen entbunden und freigegeben, ist es doch nie gänzlich von seinem Dichter gelöst. So dass im Augenblick des Lesens die Geschichte des Lesers auf die im Gedicht gespeicherte des Dichters trifft. Eine Begegnung, die aus beiden etwas hervorzubringen vermag, damit ein Neues bildet und ein Einmaliges daraus entstehen lässt. Etwas, das so vielleicht nur mit diesem einen Leser möglich ist, vielleicht sogar nur in »eben diesem Augenblick«.

Das Lesen der eigenen Gedichte konfrontiert mich auch noch auf andere Weise mit meiner Geschichte, da es den Moment des Schreibens, die Umstände, die Zeit, meine damalige Befindlichkeit wieder in mir lebendig werden lässt. So werden die Gedichte zum Auslöser von Erinnerungen. Von Erinnerungen, die in ihnen ja weder ausgeschrieben noch erwähnt, also *nicht* in ihnen enthalten sind.

Die aber trotzdem bei jedem Lesen in mir wachgerufen werden, für mich also unweigerlich mit diesen Gedichten verknüpft, scheinbar also doch in ihnen vorhanden sind.

Wäre es nicht ratsam oder gar notwendig, diesen »Hintergrund« jedem Leser bekannt zu machen, ihn also in die Historie der Gedichte einzuweihen? Müsste er all das nicht wissen, um (m)ein Gedicht verstehen zu können? Unter welchen Umständen ist es entstanden, für wen geschrieben, durch was angeregt? Wie allgemeingültig ein Gedicht auch sein mag, es hat immer einen konkreten Anlass für seine Entstehung gegeben; wie abstrakt das »Du« eines Gedichtes auch erscheinen will, sein Vorbild ist doch stets ein ganz reales Du, ein wirklicher, leibhaftiger Mensch gewesen.

Noch heute weiß ich, für wen jedes einzelne Gedicht im Kapitel »Fern schon fliegst du, Vogel« geschrieben ist; im Augenblick, da ich es lese, steht ein jeder wieder vor mir, ein lebendiges Bild, durch das Gedicht entfaltet, erfüllt jedoch durch die Erinnerung. Erinnerung, in die sich plötzlich Wehmut mischt: mir wird bewusst, dass nur noch einer dieser Menschen in meinem Leben »gegenwärtig« ist; von all den andern weiß ich nicht, wer und wo sie jetzt (und ob sie überhaupt noch) sind.

Andererseits ist auch mir manches »Du« meiner Gedichte, obwohl es ein Mensch meines direkten Umfeldes war, nicht mehr erkennbar (S. 26, 27). Kein Name ist mir geblieben, keinerlei Bild, kein Mich-entsinnen. Verselbstständigt haben sich diese Gedichte und sich vollkommen von ihren Auslösern gelöst. All-gemein sind sie geworden, auch für mich. Aber haben sie damit nicht auch eine tiefere und also absolutere Gültigkeit erreicht?

Ich kann mich noch gut an die Wiese erinnern, auf der das Gedicht von Seite 73 entstanden ist, an den Park (S. 76), den Wald (S. 74), an den Friedhof (S. 82). Ich meine, diese Plätze noch präzise vor mir zu sehen, vermeine, sie heute noch wiederfinden zu können – und ahne doch, dass sie schon längst verschwunden und verloren sind. Aber ist das wesentlich für das Gedicht? Ist das Einmalige denn je etwas anderes als ein Auslöser des Immer-wiederkehrenden, das Flüchtige je mehr als eine Widerspiegelung des Beständigen? In jeglichem Eigenen ist eine Spur alles Anderen, das Individuelle ist nichts als eine Fährte des Allgemeinen. Nur so ist Erfahrung überhaupt erst mitteilbar, und nur so kann Empfindung geteilt werden.

Die geschichtliche Einordnung eines Gedichtes, eine zusätzliche Information über Situation und Persönlichkeit seines Autors, vermag das Verstehen vielleicht zu erleichtern. Aber der Sinn eines Gedichtes liegt nicht darin, dass es verstanden wird. Es kann ja nur begriffen »sein«. Mit dem ganzen »Sein« des Lesers, mit seiner Offenheit, mit seiner Einfühlung und seiner Erfahrung. Die Aufgabe des Dichters ist es, mittels der Sprache das Große im Kleinen erfahrbar, das Allgemeine im Besonderen lebendig werden zu lassen. Zugleich mit dem Augenblicklichen muss er »ein Ewiges« erfassen. Dann erst sind seine Gedichte »gültig« zu nennen.

Ob solches bei den hier vorliegenden Gedichten gelungen ist, darüber kann nur die Begegnung mit dem Leser Auskunft geben. Diesem seien sie also »ans Herz gelegt« – in der Hoffnung, dort etwas auslösen zu können.

Henning Sabo

Weitere Informationen:

Verlag
S. Fechner-Sabo
Sertoriusring 9
55126 Mainz
Fon 0 61 31 / 47 19 99
Fax 0 61 31 / 47 19 97

Zweiter Band der Reihe »Erlesenes« –
ausgewählte Werke von Henning Sabo
in chronologischer Folge

Gesetzt aus der Bembo
Gesamtherstellung:
Universitätsdruckerei H. Schmidt, Mainz
Printed in Germany
ISBN 3-934602-12-6